AUX BIENFAITEURS

DE LA

MISSION FRANÇAISE

DU MADURÉ

TRAVAUX ET SUCCÈS DES MISSIONNAIRES

A. M. D. G.

PARIS

IMPRIMERIE DE D. DUMOULIN ET C

5, RUE DES GRANDS-AUGUSTINS, 5

1896

AUX BIENFAITEURS

DE LA

MISSION FRANÇAISE

DU MADURÉ

PARIS

IMPRIMERIE DE D. DUMOULIN ET Cie

5, rue des Grands-Augustins, 5

AUX BIENFAITEURS

DE LA

MISSION FRANÇAISE

DU MADURÉ

TRAVAUX ET SUCCÈS DES MISSIONNAIRES

A. M. D. G.

PARIS

IMPRIMERIE DE D. DUMOULIN ET Cie

3, RUE DES GRANDS-AUGUSTINS, 3

1896

TRAVAUX ET SUCCÈS

DES MISSIONNAIRES

A NOS BIENFAITEURS

Les années 1895 et 1896 semblent le gage d'une phase nouvelle dans l'histoire de la mission du Maduré. L'heure de la conversion des Brahmes, prix de tant de sacrifices, est enfin arrivée. La femme brahmine est relevée, et, pour la première fois, une veuve de cette caste vient d'être remariée. Les journaux anglais eux-mêmes félicitent les missionnaires catholiques de ces succès. Les autres castes suivent l'exemple, c'est un ébranlement général. Mais Dieu, qui aime ses apôtres, ne veut pas qu'ils se laissent enivrer par la vaine gloire. A côté du succès il place l'épreuve, et il la distribue avec une générosité vraiment divine. Nos plus vaillants missionnaires sont tombés sur la brèche. Ils parlaient la langue du pays en vrais Indiens, ceux-ci les considéraient comme des saints. Ils ne sont plus. Leur souvenir reste encore; il entoure leurs successeurs d'une auréole et d'un prestige précieux, sans leur donner les qualités qui ne sont pas seulement le résultat du talent, mais du temps et de l'expérience.

Tous sont morts en héros; je n'en citerai qu'un seul, le Père Burthey. Il vivait depuis vingt ans au milieu d'une chrétienté qu'il avait enfantée à la foi, et maternellement soignée; ses enfants l'adoraient, car ils ne pouvaient douter de l'affection de ce cœur apostolique. Les supérieurs lui donnent l'ordre de quitter ses chrétiens si tendrement aimés, d'aller aider les Pères de la Province de Champagne auxquels la Propagande vient de confier une nouvelle mission dans l'île de Ceylan. Il part sans hésiter; mais l'effort avait été au-dessus de ses forces. A peine sur le vaisseau qui devait l'emporter, la mort le reçut pour le conduire au ciel.

Ces pertes cruelles ne sont pas les seules épreuves de nos pauvres missionnaires.

Après le concordat de Léon XIII, ils espéraient n'avoir plus qu'à s'occuper de leurs chrétiens et de la conversion des païens. Le temps perdu à des luttes stériles pourrait être enfin consacré au salut des âmes. Illusion! Les Goanais veulent bien reconnaître le concordat, quand il les favorise; mais refusent de s'y soumettre, quand il les gêne. Il faut donc toujours combattre.

L'enfer, de son côté, jaloux des succès de nos plus intrépides missionnaires, suscite à chaque instant de nouvelles dénonciations, procès, condamnations obtenus à prix d'or; tout est mis en œuvre pour attiédir leur zèle; mais l'eau se change en huile en tombant sur ces âmes embrasées du feu de l'apostolat. La rage de l'enfer ne sert qu'à raviver la flamme de leur amour pour la plus grande gloire de Dieu et le salut des païens.

Malgré l'énergie des missionnaires, leurs larmes et le sang répandu, leurs efforts resteraient frappés d'impuissance et de stérilité, sans le secours de leurs bienfaiteurs. Ce sont eux qui, par leurs aumônes, rosée du ciel, donnent la fécondité à cette terre désolée. Grâce à leur générosité, la moisson a blanchi; ils ne permettront pas qu'elle meure sur pied, faute de ressources. N'est-ce pas le plus avantageux des placements? *A une époque où l'argent rapporte si peu*, et a tant de chances de disparaître englouti dans une faillite, est-il sage de mépriser le seul placement sérieux, celui dont les dividendes sont assurés par celui-là même qui donne la fortune ou l'enlève à qui bon lui semble? Nous ne craignons pas de demander; car donner au missionnaire, c'est donner à Dieu; et Dieu ne se laisse jamais vaincre en générosité. Que de grâces nous aurions à enregistrer, si nous pouvions parler! Grâces de vocations, grâces de conversions, obtenues à la suite d'aumônes faites aux missionnaires. Ceux que je ne puis nommer savent ce que je veux dire; ils ont déjà remercié le ciel, et nous le remercierons avec eux, en le conjurant de répandre ses plus abondantes bénédictions sur tous les soutiens et tous les aides de notre apostolat.

G. BOUTELANT, S. J.,
Procureur de la Mission du Maduré,
16, rue Margaux, à Bordeaux.

CONFÉRENCE DU P. BOUTELANT

DONNÉE

A PARIS, RUE VANEAU, 13, LE 5 FÉVRIER 1896

MESDAMES, MESSIEURS,

C'est au nom d'une phalange de braves que je viens vous adresser la parole; c'est pourquoi je suis plein de confiance, espérant que vous oublierez celui qui parle ici pour songer à ceux qui combattent là-bas.

Avant tout, reconnaissance et merci à nos hôtes! Oui, reconnaissance et merci! mais je n'insiste pas. Si les âmes d'élite sont promptes à comprendre l'héroïsme, dont elles portent en elles-mêmes l'idéal, leur délicatesse souffre des louanges que la gratitude aimerait à prolonger.

Tous ces sentiments, vous les partagez, Mesdames et Messieurs; votre seule présence ici en est la preuve, et je la vois dans tout ce qui m'environne. Je parlerai donc avec l'assurance que donne la certitude d'être devancé.

Quel noble cœur refuserait son admiration à l'homme qui sacrifie, pour Dieu et pour ses semblables, ce qui donne à la vie son éclat ou sa douceur?

Qui ne voudrait aider ces héros obscurs, s'associer à ces efforts pour le triomphe de la vérité? Cette conviction m'encourage à vous raconter les luttes et les souffrances de mes frères sous le ciel brûlant de l'Asie. Je ne le ferai pas sans émotion; vous le pardonnerez à la vivacité de récents souvenirs.

L'année dernière, je les voyais encore promener le drapeau de l'Évangile du cap Comorin au port de Négapatam, et le planter jusque sur les sommets les plus hauts des Ghattes. C'est leur champ de bataille depuis soixante ans. A l'ouest, il est bordé par les flots bleus de l'océan Indien; à l'est et au nord, par des montagnes dont les tons varient du vert au noir.

Quand les trois premiers missionnaires, dans leur costume blanc et rouge, posèrent le pied sur cet âpre sol, ils n'avaient qu'une charrette traînée par deux bœufs. Cette demeure roulante leur servait d'église, de presbytère, d'hôpital et d'école. Aujourd'hui, la mission n'a pas moins de 750 églises ou chapelles; beaucoup, sans doute, sont très humbles et très pauvres; mais elles n'en représentent pas moins une victoire.

Autrefois, les malades et les infirmes étaient obligés, sans exception, d'errer le long des chemins ou d'attendre au fond des forêts une mort solitaire; aujourd'hui, 4 grands hôpitaux s'ouvrent, non pas à toutes les misères, hélas! mais à quelques-unes des plus lamentables. 12 000 malheureux en sont déjà sortis, le corps soigné, l'âme convertie, le cœur réconcilié avec Dieu, avec la société et avec eux-mêmes.

Les orphelins étaient jadis condamnés à une mort précoce; maintenant, dans 5 orphelinats, autour desquels s'organisent des réductions, ils trouvent une famille qui les aime, le travail qui les relève et une vie qui leur semble le bonheur. Ah! si l'on pouvait faire comprendre ce qu'on peut, avec des ressources relativement restreintes, tarir de larmes dans ces yeux à peine ouverts, et semer de joies dans ces existences d'enfants! Ce que coûte un joujou d'une heure fournirait largement peut-être l'entretien d'un mois! Que de braves petits cœurs, s'ils le savaient, feraient de généreux sacrifices et se formeraient ainsi à un héroïsme viril!

Il y a soixante ans, l'ignorance était obligatoire dans l'Inde; aujourd'hui, 250 écoles et un grand collège distribuent la science, ou du moins les éléments de la science nécessaire, à 35 000 enfants du Maduré.

Que dire du sort de la femme, il n'y a pas un siècle? Elle ne semblait naître que pour servir, souffrir et mourir. Mariée d'ordinaire à un homme qu'elle n'avait jamais vu, elle devenait son esclave, obligée de prévenir ses moindres caprices, tellement à ses pieds et au-dessous de lui qu'elle se rassasiait de ses restes. et n'avait pas même le droit de le regarder et de prononcer son nom. S'il lui avait été permis d'entrevoir le jour où elle serait débarrassée de sa chaîne et de son tyran! mais ce jour était pour elle le plus douloureux de tous et le dernier ; car elle était brûlée vivante sur le bûcher de celui qui n'avait cessé de l'abreuver d'amertumes et de mépris.

Il y a soixante ans, le démon régnait en despote sur cette immense contrée. Promenant au loin son regard, il pouvait s'écrier avec fierté : « Ces villes et ces villages, ces montagnes et ces plaines, toutes ces régions sont à moi. J'ai mes temples, mes autels, mes prêtres. Je dis à ces populations de tomber à mes genoux, et aussitôt elles se prosternent dans la prière. J'ordonne de m'immoler des victimes humaines, et le sang des enfants coule à flots dans mes pagodes. Ici, je suis maître depuis des siècles, je suis roi, je suis Dieu ; et l'on n'adore que moi ! »

Les missionnaires paraissent, la croix à la main, la charité au cœur, l'Évangile aux lèvres. Les populations, d'abord effrayées, se rapprochent et les préjugés tombent. A la fin du siècle, près de 200000 catholiques auront échappé aux filets de Satan et béniront le Seigneur.

Mais, dites-moi, qu'ont donc coûté ces luttes et ces conquêtes ? Beaucoup de sueurs déjà, beaucoup de larmes et de sang. Cent quarante-cinq braves sont tombés dans les plis de leur glorieuse bannière ; ils sont morts pour leur *Credo !*

A la guerre, quand la bataille a été longue et meurtrière, on suspend quelquefois les hostilités pour ensevelir les victimes; et si l'on vient à rencontrer plus avant dans les rangs ennemis quelque officier d'une vaillance insigne, on lui rend les suprêmes honneurs avec plus de respect et d'admiration. Eh bien! ces cent quarante-cinq intrépides avaient pénétré au plus épais des païens et y avaient fait une sainte trouée. Honneur à eux! Ne les plaignons pas; prions-les, et demandons à Dieu de leur donner beaucoup de remplaçants qui leur ressemblent. Ils n'ont pas été héroïques un seul jour dans l'entraînement de la bataille; ils ont été héroïques toute une vie, dans cette lutte obscure de tous les instants, dont le Maître qui voit tout connaît seul le prix.

Que n'ont-ils pas eu à souffrir, noyés dans la masse païenne, poursuivis par la haine et les préjugés, un contre cent mille, dans des pays où tout est hostile à l'Européen et sous un ciel de flamme! Ils succombaient bien vite, dévorés par le climat et par le zèle; mais ils succombaient l'espérance au cœur et le sourire au front. Dieu leur envoyait des frères plus jeunes pour relever le drapeau et continuer la marche victorieuse.

Sur leurs restes confiés à cette terre qu'ils avaient tant aimée, des églises s'élevaient et des fidèles y venaient adorer Dieu le Père et Jésus-Christ son divin Fils, fait homme pour les racheter.

C'est ainsi que se fondent les chrétientés, et ce prodige se renouvellera sous toutes les latitudes, jusqu'à la fin des siècles. L'apostolat n'est fécond que par la souffrance et le martyre.

Grâce à ces dévouements, ce qu'on n'osait espérer, ce qu'on regardait comme impossible, est arrivé; les Brahmes eux-mêmes s'ébranlent, ces Brahmes si fiers, que saint François-Xavier avait maudits. A mon dernier voyage, j'ai vu leurs yeux s'entr'ouvrir enfin à la vraie lumière et leurs préjugés tomber en partie. L'Européen, le missionnaire n'était plus un paria pour ces fils de dieux! C'était un libérateur qu'ils venaient saluer à son arrivée dans le port et dont ils sollicitaient la bénédiction; ils le recevaient à Trichinopoly comme un vice-roi des Indes, avec arcs de triomphe, musique et discours hyperboliques.

Certes, tout n'est pas fait; mais il faut avoir vécu dans le pays des castes pour comprendre quel chemin a été parcouru.

Trois enfants de cette race orgueilleuse avaient abjuré leurs erreurs et demandé le baptême, avec leur femme et leurs enfants. Il leur avait été secrètement donné; mais le secret avait transpiré, car la vérité rayonne d'elle-même, comme la lumière.

Dès le lendemain la caste des Brahmes était debout, et l'on conduisait à la pagode un des jeunes couples pour lui faire offrir un sacrifice à Vichnou. Pendant plus d'une heure, menaces, promesses, injures, tout fut employé, et tout fut inutile. Fou de colère, le père de Mahaveden décharge sur son fils un coup terrible; le jeune homme chancelle et tombe sans connaissance dans son sang.

Sa jeune femme, presque une enfant, avait été confiée à son frère, Brahme féroce qui avait juré de la pervertir. Trois mois durant il ne recula devant aucune infamie pour arriver à ses fins; mais ce fut peine perdue. Pendant ces rudes épreuves, Mahaveden, échappé à ses bourreaux, prolongeait ses prières pour obtenir la persévérance de son épouse, multipliait les bonnes œuvres et se livrait à des austérités effrayantes. Dieu se laissa toucher par les supplications de ce fidèle serviteur; sa femme lui fut rendue plus pure, plus sainte et plus chère qu'elle ne l'avait jamais été. L'auréole du martyre illuminait sa beauté d'un éclat céleste.

Que d'enseignements, Mesdames et Messieurs, je pourrais tirer de cette simple et touchante histoire, si vos esprits et vos cœurs ne m'avaient déjà devancé !

Un autre jeune Brahme converti, qu'on voulait obliger à offrir un sacrifice dans la maison paternelle, s'y refuse absolument. Toute la caste est là, assise pour la cérémonie; elle se lève : « Je te maudis, s'écrie le père furieux; la caste aussi te maudit et t'excommunie ! » Puis, s'apercevant que la jeune femme, une enfant de treize ans, était restée assise, il ajoute avec rage : « Et la femme te maudit ! »

A ces mots celle-ci bondit et se précipite dans

les bras de son mari : « Non, je ne le maudis pas; non ! il a été fidèle à Dieu; je lui serai fidèle jusqu'à la mort. Vous ne pourrez me séparer de lui ! »

Quand on connaît le sort effroyable de ceux qui sont excommuniés de la caste et la timidité naturelle aux Indiens, ces actes de courage tiennent du miracle.

Ces exemples ont été suivis. Déjà six familles brahmines sont converties; d'autres demandent à les imiter. L'ébranlement, une fois commencé, qui sait? peut-être les conversions se multiplieraient en avalanche.

Pourquoi donc hésiter? Pourquoi modérer cette ardeur? Pourquoi comprimer des sources qui semblent prêtes à jaillir?

Pourquoi?

Parce que les ressources manquent.

Tant que le sénevé n'est qu'un brin d'herbe, une goutte de rosée lui suffit; mais quand il est devenu un grand arbre prêtant sa ramée aux oiseaux du ciel et son ombre aux voyageurs de la terre, il lui faut des pluies de rayons et des averses d'eau. Il en est de même des Églises.

Mais quel supplice, quel crève-cœur pour des apôtres ! voir la moisson blanche et ne pouvoir la recueillir ! Voir des âmes immortelles, rachetées par tout le sang de Jésus-Christ n'attendre qu'un signe pour monter au ciel, et ne pouvoir faire ce signe ! Avoir tout quitté, patrie et famille, joies de l'esprit et joies du cœur, pour amener au Père Céleste les enfants qui ne le connaissent pas, et ne pouvoir lui conduire aussitôt ceux qui demandent à se jeter dans ses bras! Il n'est peut-être pas de souffrance comparable.

Le regret est ici d'autant plus vif, que les Brahmes sont au reste des populations indiennes ce que Clovis et ses compagnons étaient à la nation des Francs. Que ces Brahmes viennent à nous, et c'en est fait du brahmanisme et de l'idolâtrie, depuis l'Himalaya jusqu'au cap Comorin.

Nous en avons une preuve dans ce qui se passe au sud de la Mission.

En allant d'un poste à l'autre pendant ce dernier voyage, je n'ai jamais fait un trajet de deux ou trois heures sans voir venir à nous des groupes de dix, de vingt, de trente païens, qui nous demandaient de les instruire et de les recevoir dans l'Église catholique.

Une fois, tous les habitants d'un village se sont portés à notre rencontre et se sont couchés sur la route pour nous empêcher de passer et nous forcer à venir chez eux. Là, après un discours, ils ont ramassé leurs idoles, ils les ont brisées sous nos yeux et ont planté la croix sur le piédestal de Vichnou. « Souami, disaient-ils, tu le vois : nous sommes déjà chrétiens ; envoie-nous un catéchiste, nous t'en supplions! Nous sommes pauvres ; mais chaque famille le nourrira pendant une semaine. Nous avons des bras, des arbres et des pierres; nous bâtirons l'église; elle sera notre œuvre, et nous l'en aimerons plus tendrement. »

Ces chrétiens nouveaux, que valent-ils? Un fait vous le dira mieux qu'un discours.

Nous étions arrivés, dans le cours de nos visites, à un village converti depuis deux ans seulement par le zèle d'une femme de vingt-trois ans. Une heure après, les confessions commençaient; le lendemain, à la messe de sept heures, deux cent cinquante fidèles s'approchaient de la sainte Table. Trois d'entre eux, qui avaient donné un petit scandale, demandèrent la permission d'assister à la cérémonie, les bras en croix, une couronne d'épines sur la tête.

Les mœurs du pays n'expliquent pas cette docilité dans la foi et cette ferveur dans la pénitence; il faut faire très grande la part du Saint-Esprit qui renouvelle souvent chez nos pauvres néophytes les merveilles de la primitive Église.

Il n'est pas rare de voir d'humbles femmes, qui gagnent trois sous par jour, économiser un franc par mois pour aider de plus misérables qu'elles. D'autres, plus riches, persuadent à leurs enfants de se priver de certaines friandises et de plaisirs relativement coûteux, afin d'entretenir un séminariste ou un orphelin.

Que cette vue fait du bien à l'âme! mais avec quelle force cette foi qui agit condamne notre

Indifférence pratique; et cette charité qui se prive du nécessaire, notre égoïsme qui ne sait sacrifier un peu du superflu!

Et c'est à ce moment décisif, Mesdames et Messieurs, c'est à cette heure ardemment désirée et préparée par tant de prières et de sacrifices; c'est quand il semble qu'il n'y a plus qu'à tendre la main pour régénérer dans le baptême ces âmes achetées par le sang d'un Dieu sur le Calvaire, c'est alors que les supérieurs recommandent à ceux qui sont à l'avant-garde d'être prudents, de ne pas se hâter, de s'arrêter. Et il faut obéir en frémissant et en pleurant; car rien n'est plus sage que ces prescriptions et ces défenses.

Les églises naissantes sont comme des enfants délicats et frêles qui demandent beaucoup de soins et de dépenses; il faut les nourrir, les élever, les conduire à l'âge adulte où elles pourront subsister par leur propre vigueur. Les abandonner avant l'heure serait les condamner à l'apostasie.

Le missionnaire obéit; mais avec quel serrement, avec quel déchirement de cœur!

Depuis dix ans, vingt ans, trente ans, cinquante ans quelquefois, il a dit adieu, du haut du navire, aux horizons de France, aux chers visages de ceux qu'il aimait et dont il était aimé, à toutes les affections et à toutes les espérances qui peuvent faire tressaillir une âme d'homme; depuis dix ans, vingt ans, trente ans, cinquante ans quelquefois, il a demandé chaque matin ces âmes en versant des prières et des larmes au pied du crucifix; et c'est au moment où ce désir de son apostolat va être rempli, où ce rêve de sa jeunesse va être réalisé, c'est à ce moment que tout lui échappe et fuit.

Les courses qui épuisent. l'isolement qui est si lourd, le climat qui énerve et qui brûle, les habitations incommodes et fétides, la faim et la soif, tout cela n'est rien, tout cela peut se changer en consolations et en délices; c'est pour avoir tout cela, en définitive, qu'on est volontairement parti. La douleur inattendue, l'amertume qui remplit l'âme jusqu'au bord, l'angoisse qui tournerait au désespoir, si la pensée de Dieu n'était là, c'est de ne pouvoir prendre ces âmes après lesquelles on a tant couru, pour lesquelles on a tant sacrifié, les mettre sur le chemin de la lumière et les amener à leur Créateur et à leur Sauveur.

Pauvres yeux faits pour contempler la vérité et condamnés à la nuit du paganisme! Et que d'autres seraient venus à leur suite, qui, peut-être, ne connaîtront et n'aimeront jamais Notre Seigneur Jésus-Christ! De cette semence devait germer une pleine moisson pour le Ciel et pour l'Éternité! Et tout cela périt, tout cela meurt avant de naître!

Pourquoi? Pourquoi?

Parce que nous n'avons pas su faire un léger sacrifice; parce que le Sauveur de tous les hommes, après avoir versé son sang pour notre rançon, nous a demandé une goutte d'eau pour apaiser la soif brûlante qu'il a des âmes, et nous n'avons pas été assez généreux pour lui accorder cette goutte d'eau! Quel compte à rendre au jour des responsabilités!

Qui pourra dire ce qui se passe dans l'âme d'une mère qui voit décliner et mourir lentement son fils. Elle lui a prodigué tous les soins; elle l'a veillé de longues nuits; elle est prête à lui donner le sang de ses veines, et avec quelle joie! Mais le remède qui guérirait le cher malade n'est pas en son pouvoir.

Il existe pourtant; il est entre les mains d'autres mères qui ne veulent pas s'en dessaisir et le laissent inutile. Ah! si tout à coup l'une de celles qui possèdent le précieux dictame se laissait émouvoir et apportait la guérison et la vie au fils et à la mère, quelle reconnaissance et quelle joie!

Eh bien, c'est quelque chose de semblable qui se passe en ce moment entre vous et les missionnaires, sous l'œil de Dieu qui voit tout et qui n'oublie rien.

Vous le comprenez, Messieurs, si jamais sur un champ de bataille, par un de ces coups d'audace qu'on pardonne à vingt ans, vous avez vu la gloire et la victoire vous apparaître dans un nimbe de feu et de fumée, et si, au moment de les saisir, vous avez entendu subitement les clairons sonner la retraite.

La retraite? Ce n'est pas possible, c'est insensé!

Non, ce n'est pas insensé; c'est nécessaire, parce que les munitions manquent; et le courage, qui peut faire des merveilles, ne suffit pas à une armée pour vaincre. Il faut reculer, la rage au cœur, mais sans discuter. Les chefs sont sages. C'est alors que l'obéissance est héroïque!

Mais si, par un hasard inespéré, vous arrivaient tout à coup les munitions qui manquent, quelle explosion de bravos! et avec quel élan vous partageriez l'honneur et l'allégresse de la victoire!

Je m'arrête, Mesdames et Messieurs; j'en ai dit assez, peut-être trop. Il me suffisait d'indiquer le but; votre générosité vous y eût emportés d'elle-même.

Mes paroles étaient inutiles; je n'en sens que mieux le devoir et le besoin de vous remercier de la bienveillante sympathie que vous m'avez accordée. J'ai dû forcément être très incomplet; je me mets à la disposition de ceux qui désireraient de plus amples détails sur la mission et les missionnaires du Maduré. Dieu a des biens infinis pour vous récompenser; je n'ai que ma pauvre bonne volonté; je la mets à votre service.

LETTRE DE Mgr BARTHE

AU P. BOUTELANT, PROCUREUR DE LA MISSION

Trichinopoly, 20 juin 1896.

Mon bien cher Père,

J'ai reçu les aumônes que vous avez pu recueillir, malgré la persécution et les lois de proscription. Ces ressources nous étaient indispensables ; car, au moment où elles arrivaient, j'avais été obligé de prier deux missionnaires d'arrêter les conversions. Vous le savez, quand nous ne pouvons pas donner aux néophytes un catéchiste, une église et une maison d'école, ils ne tardent pas à revenir à leurs divinités. Incapables de répondre aux objections, ils se heurtent à des contradictions qui ébranlent leur foi ; c'est le contraire qui se produit quand nous pouvons les soutenir par les moyens ordinaires.

Le Sacré Cœur a entendu les prières du P. Bouisset et du P. Baumal en leur suscitant de généreux bienfaiteurs, qui les mettent à même de fonder deux grandes chrétientés. Il a besoin de nous aider encore ; car dans ma dernière tournée pastorale, j'ai constaté, comme vous l'avez fait l'an dernier, la grande misère de la Mission. Les trois quarts des maisons de nos *pangous suamis* sont incapables de les protéger contre les pluies de l'hiver et les chaleurs de l'été. Cent ou cent cinquante églises menacent ruine et ne se soutiennent que par des prodiges d'équilibre. Les pluies d'octobre en détruisent la moitié.

Je ne parle pas de la nourriture de nos missionnaires; vous avez apprécié sa frugalité. Et le vin de raisin sec ! Quel service rendraient vos aimables Bordelais, en leur envoyant quelques-unes des barriques qui encombrent leurs chais.

Les conversions de Brahmes continuent et absorberont une partie des aumônes jusqu'à ce qu'ils puissent se suffire à eux-mêmes. Les meneurs de la caste se révoltent, ils font des réunions publiques où ils s'efforcent de mettre nos écoles à l'index. Mais Dieu est plus fort qu'eux. Encore cette année, les succès aux examens de l'Université ont étonné élèves et professeurs. Notre moyenne d'élèves reçus a été de 60 pour 100, alors que dans les principaux collèges de la Résidence elle atteignait à peine 40 pour 100. Tous les Brahmes ont remarqué ce succès ; aussi les travailleurs, les ambitieux affluent. Malgré les menaces d'excommunication portées par le sanhédrin brahmanique, jamais nous n'avons eu autant d'écoliers. Nous ne savons où les mettre ; ils sont déjà plus de 2200. Les autres castes se rapprochent de plus en plus, en voyant les Brahmes accourir vers nous de tous les points de la Présidence. Cet ascendant moral a permis aux PP. Billard et Lacombe de faire de nombreuses conversions parmi les Brahmes, qu'ils maintiennent dans leur caste, même après leur avoir donné le baptême. C'était, comme vous le savez, le principal obstacle à la conversion en masse; mais que de procès, que de travail et de démarches pour une seule famille! Déjà sept familles sont réunies; d'autres attendent que le bon Maître nous envoie ce qui est nécessaire pour cueillir toute cette moisson. Mais en ce moment nous sommes littéralement accablés; car, outre les dépenses ordinaires, le T. R. P. Général vient de nous donner l'ordre de bâtir un scolasticat dans la montagne. La formation de toute cette jeunesse nous oblige à de grands sacrifices. Nous ne savons où trouver les ressources; mais c'est à Notre-Seigneur de subvenir aux besoins de ses ouvriers. Travaillez-y de votre côté : le ciel, les missionnaires et leur Évêque sont avec vous.

Votre bien affectionné,

† J.-M. BARTHE.

LETTRE DU R. P. CAUSSANEL

SUPÉRIEUR DU DISTRICT DU SUD

AU PROCUREUR DE LA MISSION

Palamcotha, le 30 juin 1896.

MON BIEN CHER PÈRE,

Vous avez visité, l'an dernier, la nouvelle chrétienté de Koulougoumalai. Vous avez été témoin et ravi, le jour de Noël, de la ferveur de nos néophytes. Vous avez dit : « C'est trop beau ! » l'enfer l'a trouvé aussi, et il s'est efforcé de ruiner les germes de cette nouvelle église.

Le P. Baumal avait fait l'acquisition d'une maison, en face de la pagode, pour réunir des chrétiens, leur dire la messe et administrer les sacrements. Le jour de la grande fête de la pagode, les païens, pour réjouir leurs divinités, ne trouvèrent rien de mieux que de pénétrer dans ce qui nous servait d'église, afin de la démolir; quelques chrétiens présents s'y opposèrent. Ils furent battus et tués; dix-sept succombèrent sous les coups, ou des suites de leurs blessures; encouragés par ce premier succès, ces énergumènes se précipitent dans le quartier chrétien, et mettent le feu aux maisons. En quatre heures, tout est réduit en cendres. La police avertie se rend sur les lieux; mais, grassement payée, elle fait des rapports où nos chrétiens sont accusés de s'être tués eux-mêmes, et d'avoir mis le feu à leurs maisons, pour accuser les païens. Les juges de première instance, payés comme la police, condamnèrent d'après ces rapports. Si nous étions restés sous le coup de cette condamnation, c'en était fait de notre influence dans le sud de l'Inde; nous pouvions dire adieu aux conversions. Mais Notre-Seigneur veillait sur ses missionnaires.

En appel, contrairement à ce qui se passe ordinairement, l'infamie de la police et des juges fut percée à jour. Juges et policemen furent blâmés, quelques-uns destitués, et nos chrétiens, au lieu d'être pendus, mis en liberté.

Cette sentence, si contraire aux habitudes du pays, fut comme un coup de foudre. Les païens, stupéfaits, proclamèrent eux-mêmes que notre Dieu était plus puissant que les leurs. Les chrétiens triomphèrent, et nos missionnaires, humiliés et confondus par la première sentence, purent relever la tête.

La caste entière des Sanards, à qui appartenaient les victimes, vint me trouver et demander le baptême. Je promis d'aller les voir dans leurs villages. Ils me reçurent comme un libérateur. Si j'avais, en ce moment, trois missionnaires de plus et de quoi leur construire des églises et des maisons d'école, nous pourrions établir trois nouvelles chrétientés de Sanards, qui ne compteraient pas moins de 6 000 à 7 000 catholiques, dans deux ou trois ans. Malheureusement la mort fait de nombreuses victimes. J'ai, comme vous le savez, perdu cinq de nos meilleurs missionnaires; ceux que vous nous avez envoyés sont encore trop jeunes pour être lancés au milieu de ces populations souvent si difficiles à conduire. Il y a tant de prêtres en France qui sont peu occupés, tandis qu'ici il leur serait si facile d'envoyer des âmes au ciel et de travailler à la gloire de Dieu !

Je reçois à chaque instant des lettres de nos missionnaires de la côte qui demandent des renforts. Ils succombent sous le faix. Nous prions

Dieu de bénir vos efforts et vos travaux; de votre côté, n'oubliez pas au saint autel ceux que vous avez vus à l'œuvre; ils songeront à vous en Notre-Seigneur.

CAUSSANEL, S. J.

LETTRE DU P. BILLARD

AU PÈRE PROCUREUR

Trichinopoly, le 22 octobre 1896.

MON RÉVÉREND ET BIEN CHER PÈRE,

Il est bon, dans les entreprises difficiles, de revenir de temps en temps sur les succès passés, pour s'encourager à triompher des obstacles qui paraissent insurmontables.

En 1881, quand vous êtes venu nous rejoindre, vous étiez disposé à consacrer votre vie à la conversion des Brahmes. Après cinq ans de travaux sous ce climat brûlant, vos forces épuisées obligeaient les supérieurs à vous séparer de ce collège où vous veniez de faire vœu de vivre et de mourir. Vos enfants vous avaient compris; — leurs adieux sont encore gravés dans les cœurs de ceux qui en furent les heureux témoins. A votre retour, en 1894, vous avez vu par l'accueil qui vous a été fait, de Tuticorin à Trichinopoly, que vous n'aviez pas été oublié. Nos efforts et nos sacrifices n'avaient pas été inutiles. Votre entrée triomphale à Trichy disait plus éloquemment que tous les discours que les Brahmes ne considéraient plus les Pères comme des parias. Le lendemain, le baptême de trois de nos Brahmes avec leurs femmes était la plus éclatante démonstration de la fécondité de nos travaux. Vous avez vu le martyre de Mahadeven et de sa jeune femme, leur héroïque constance au milieu des insultes, des coups, des menaces et des caresses. Vous les avez vus, malgré la profession éclatante qu'ils faisaient du catholicisme, grâce à l'influence conquise par les Pères du collège, continuer à être regardés comme des Brahmes par tous leurs coreligionnaires. C'était le plus grand obstacle, vous le savez, à la conversion de cette caste orgueilleuse. Il leur en coûtait, à eux, habitués à se voir considérés comme des dieux, de descendre au-dessous des parias par leur conversion.

Désormais cet obstacle n'existe plus; aussi les demandes de baptême se multiplient. Comme vous le pensez bien, nous éprouvons les catéchumènes, et ce n'est qu'après une année ou deux d'épreuves sérieuses, que nous consentons à les recevoir. C'est un véritable noviciat; mais ce noviciat leur est nécessaire. Depuis la conversion des trois premiers Brahmes, neuf autres sont venus à nous, et tous ont dû subir de véritables tortures. Accusé par la mère de l'un d'eux d'avoir perverti son fils, j'ai été conduit devant les tribunaux; mais, malgré la bonne volonté des avocats brahmes qui voulaient me faire condamner à la prison, les juges ont été obligés de m'acquitter. Je le regrette; j'aurais été heureux de prouver à mes enfants qu'ils ne pouvaient pas douter de mon affection.

Je ne m'arrêterai pas à vous raconter le martyre de ces enfants; c'est toujours la même chose ou à peu près. Menaces, coups, injures, emprisonnement plus ou moins long par les parents; supplices prolongés pendant des journées, et même des mois entiers; rien ne les effraie et ne peut les déterminer à revenir sur leur résolution d'être tout entiers à Notre-Seigneur.

L'un d'eux, Senappen, a subi un genre de martyre particulier. Poursuivi et traqué par ses parents et leurs amis, il a vécu six mois dans une forêt voisine de Trichinopoly. Au bout de ces six mois de prières et de jeûnes forcés, il nous est revenu plus fervent que jamais.

Mais notre plus grand triomphe, aux yeux des Anglais et des Brahmes eux-mêmes, est le mariage d'une jeune veuve brahmine. C'était une enfant de treize ans, veuve depuis dix ans, qui n'avait jamais connu son mari. Cette enfant était alliée à un de nos Brahmes convertis. Celui-ci l'instruisit des vérités de notre religion; au bout de quelque temps elle demanda le baptême. Après de nombreuses épreuves, elle fut baptisée.

Un de nos chrétiens, Brahme converti, qui n'était pas marié, la demanda en mariage. Sa requête fut agréée, le mariage célébré. Nous nous attendions à une levée de boucliers. Toute la caste allait se dresser et nous écraser, au moins de ses insultes et de son mépris. Quelques-uns, en effet, firent ce que nous attendions; mais tous les Brahmes instruits nous félicitèrent. L'un d'eux fit un long article dans le *Madras Mail*, où il disait : « Lord William Bentick, en abolissant le *sutti* (usage qui obligeait la veuve à se brûler vive sur le bûcher de son mari), crut faire une œuvre humanitaire; mais quand on considère les souffrances qui attendent la veuve, après la mort de son mari, on se demande s'il n'aurait pas été plus humain de les laisser mourir comme autrefois. La mort, en effet, n'est-elle pas préférable à la plus honteuse et à la plus abjecte de toutes les servitudes? et c'est elle qui attend la veuve de quatre ans, de cinq ans. Esclavage dégradant, qu'elle est obligée de supporter jusqu'à cinquante et soixante ans. Aussi ne pouvons-nous refuser notre estime et notre admiration aux missionnaires catholiques de Trichinopoly, qui s'efforcent de faire disparaître ces absurdes préjugés. Ils viennent de remarier une veuve brahmine qui, à treize ans, souffrait depuis dix ans déjà, la cruelle abjection réservée aux filles de sa condition. C'est la véritable solution, il n'y en a pas d'autres. Empêcher une jeune fille de douze ans de se marier, sous prétexte qu'elle a été mariée à un inconnu, c'est une barbarie sauvage! Honneur à ceux qui consacrent leur vie à en débarrasser notre société civilisée de l'Inde! »

Les Brahmes de Trichinopoly sont venus aussi nous féliciter, quelques-uns, pas tous, car un certain nombre ont juré de se venger. Mais Dieu est pour nous. Voici douze familles brahmines catholiques installées dans notre petite cité du Topoo. D'autres demandent à venir. Quand Notre-Seigneur m'enverra des ressources, je les recevrai ; pour le moment, je suis obligé d'attendre.

Nous prions pour vous et pour nos bienfaiteurs ; ne nous oubliez pas au saint sacrifice de l'autel.

Infimus in Christo.

F. BILLARD, S. J.

LETTRE DU P. POUGET

AU P. BOUTELANT

Punikael, 1er mai 1896.

MON BIEN CHER PÈRE BOUTELANT,

J'avais écrit au R. P. Supérieur du district pour le supplier de m'aider à recevoir un village de la caste des bergers qui demande à être instruit et reçu dans l'Église catholique. Le P. Caussanel me répond que le plus grand roi du monde ne peut donner que ce qu'il a ; n'ayant que sa bénédiction, il me l'envoie du fond du cœur. Elle m'aidera, j'en suis sûr, mais elle ne fera pas tout à elle seule. Je viens donc vous demander de m'aider à trouver quelque chose de plus matériel. Déjà, depuis un an, un village de la caste des bergers, situé près de Periatalai, me demandait un catéchiste. J'ai envoyé ce que j'avais, pas un Thomas d'Aquin, je vous assure, mais un homme pieux et craignant Dieu. Il allait avec les bergers, les instruisait dans les champs, à l'ombre des allamarhams. Il y a quatre mois, un des néophytes m'offre sa maison et m'invite à passer quelques jours au milieu de ces nouveaux enfants qui désirent me connaître. J'accepte. Tous les matins, je réunissais sous un grand arbre les habitants du village; ils assistaient à la messe et au sermon avec grande dévotion. Après la cérémonie, j'en gardais un certain nombre pour les interroger. Au bout de huit jours d'édification, il fallut les quitter. Ils m'apportèrent cent roupies (225 fr. environ), pour m'aider à leur construire une église et une maison d'école. Cent roupies économisées sou par sou et prises sur le nécessaire! Il me faudrait au moins mille roupies pour leur faire quelque chose d'un peu convenable, et on ne me donne pas mille centimes! Que de communions, que de prières ardentes pour les âmes généreuses qui leur vaudraient le bienfait de la foi en leur procurant le baptême! Cherchez et vous trouverez, mon bon Père; saint Joseph et les bons anges vous aideront. Car nous le leur demandons avec toute la ferveur dont nous sommes capables.

Infimus in Christo.

Pouget, S. J.

LETTRE DU P. BERTHIEU

AU P. BOUTELANT

Puluppaly, le 20 mai 1896.

MON BIEN CHER PÈRE BOUTELANT,

Je suis allé, il y a quinze jours, bénir et inaugurer la petite église de Rariapayankam, que nous devons à la généreuse charité de M. X... Le matin, j'avais donné la communion à 360 nouveaux chrétiens et à une quarantaine d'anciens, venus des villages voisins. Toute la journée, le Saint Sacrement fut exposé, et toute la journée il eut au moins de cent à cent cinquante adorateurs. J'étais ravi de cette ferveur, et le catéchiste me disait : « Suami, vous verrez que d'ici peu de temps cette chrétienté sera la plus fervente de la mission ! » Je le crois, en effet, car ce soir j'étais au milieu de ces chers enfants, et, après leur avoir parlé du bon Dieu et de la sainte Vierge, je leur dis : « Voyons, que pensez-vous faire pour la bienfaitrice qui vous a donné cette église et cette maison d'école ? Pensez-y et parlez-en entre vous ; demain, après la messe, vous me direz le résultat de vos délibérations. »

Après la messe, ils sont venus quatre, au nom de tout le village :

« Suami, m'ont-ils dit, nous ne pourrons jamais faire assez pour reconnaître un pareil bienfait; mais nous ferons une neuvaine de communions pour M. X... quand vous reviendrez. Pendant deux mois, nous réciterons tous le chapelet à son intention. Chacun de nous offrira cent victoires sur son défaut dominant. Vendredi prochain, tout le village jeûnera, et chaque année nous ferons dire une messe à son intention, à laquelle le village communiera. »

J'ai accepté même le jeûne, car tous les jours de l'année sont à peu près des jours de jeûne pour ces braves gens.

Au moment du départ, ils se sont cotisés pour envoyer à la bienfaitrice un *salve* (sorte d'écharpe) *or et soie*.

Deux autres villages demandent la même grâce; mais ils ont besoin d'être instruits et éprouvés.

Priez un peu pour mes brebis et pour leur pasteur, qui vous le rendra au saint autel.

Servus in Christo.

BERTHIEU, S. J.

Sont considérés comme *Bienfaiteurs de la mission du Maduré* et ont droit aux saints sacrifices, aux prières, aux mérites des missionnaires, des religieuses et des chrétiens tous ceux qui nous aident à soutenir et à développer nos œuvres.

Les personnes qui entretiennent un séminariste, un missionnaire, une religieuse ont une part spéciale à tous ces mérites.

Celles qui font construire une église ont leur nom gravé au-dessus de l'autel, de manière que le prêtre qui va célébrer la sainte messe ne puisse les oublier dans son *memento*.

Tous nos bienfaiteurs coopèrent véritablement aux conversions faites par les missionnaires ; sans leurs aumônes, nous serions réduits à l'impuissance. Les ressources de la Propagation de la foi et de la Sainte-Enfance sont tout à fait insuffisantes, et nos chrétiens ne peuvent guère nous apporter que le concours très précieux de leur reconnaissance surnaturelle.

Les œuvres qui s'imposent le plus en ce moment sont celle de la conversion des Brahmes, et la construction de chapelles et de maisons d'école pour les nouveaux convertis des castes inférieures.

L'entretien d'un missionnaire coûte 1 200 francs ; celui d'un séminariste envoyé à Kandy, 500 francs ;

d'une baptiseuse, 400 francs; d'une religieuse, 400 francs. Un catéchiste, 500 francs.

La construction d'une église en briques varie de 2000 à 10000 francs. La fondation d'une chrétienté s'élève de 10000 à 20000 francs. Elle donne droit à cinquante-deux messes par an et à une pierre commémorative. Ces nouvelles chrétientés deviennent presque toujours des centres considérables; ceux qui les ont rendues possibles par leur charité généreuse méritent à bon droit le nom glorieux et les privilèges de *Fondateur*.

Et maintenant, chers et vénérés Bienfaiteurs de la mission du Maduré, veuillez accepter les remerciements que les missionnaires vous adressent du fond de leur cœur, au nom de notre divin Sauveur, et permettez-nous de faire encore appel à votre générosité. C'est Notre Seigneur Jésus-Christ lui-même qui vous sollicite pour tant de pauvres âmes rachetées par le sang du calvaire. Il vous crie du haut de sa croix qu'il a soif du salut des Indiens; ne refusez pas la goutte d'eau qui apaisera la souffrance de Jésus mourant.

Ce que vous sèmerez en aumônes apostoliques germera dès cette vie en bénédictions pour vous et pour vos familles, pour les vivants que vous chérissez et pour les bien-aimés défunts dont vous gardez pieusement le souvenir. Pères, mères, frères, sœurs, enfants, amis, quel irréparable désastre si quelqu'un des vôtres manquait à l'éternel rendez-vous dans la patrie céleste! Cette idée donne le frisson. Pour que Dieu vous épargne ce malheur, soyez compatissants à la détresse des âmes païennes. Prêtez largement votre concours pour faire fructifier le sang de Jésus-Christ et les douleurs de la Vierge Marie; tout vous sera libéralement rendu en grâce ici-bas et en gloire là-haut. Devenez les créanciers de votre Père qui est aux cieux, afin que son nom soit sanctifié et que son règne arrive sur la terre.

G. BOUTELANT, S. J.,
Procureur de la Mission du Maduré,
16, rue Margaux, Bordeaux.